La ley y tu

Jennifer Overend Prior, Ph.D

Asesoras

Shelley Scudder
Maestra de educación de
estudiantes dotados
Broward County Schools

Caryn Williams, M.S.Ed.
Madison County Schools
Huntsville, AL

Créditos de publicación

Conni Medina, M.A.Ed., *Gerente editorial*
Lee Aucoin, *Diseñadora de multimedia
    principal*
Torrey Maloof, *Editora*
Marissa Rodriguez, *Diseñadora*
Stephanie Reid, *Editora de fotos*
Traducción de Santiago Ochoa
Rachelle Cracchiolo, M.S.Ed., *Editora
    comercial*

Créditos de imágenes: págs. 6, 14 Alamy;
págs. 25 págs. 26–27 Associated Press;
pág. 12 FDA photo by Michael J. Ermarth;
págs. 4, 13, 18, 20, 21, 22 Getty Images;
pág. 27 imagebroker/Jim West/Newscom;
pág. 10 iStockphoto; pág. 29 Joey Rice;
págs. 14–15 ClassicStock/Alamy, 1819
(Public Domain) via WIkimedia; pág. 17
The Library of Congress [LC-USZ62-75334];
pág. 19 National Archives; pág. 16
Science Source; págs. 11, 32 ThinkStock;
todas las demás imágenes pertenecen a
Shutterstock.

Teacher Created Materials

5301 Oceanus Drive
Huntington Beach, CA 92649-1030
http://www.tcmpub.com

ISBN 978-1-4938-0539-6

Índice

Estudiantes pronunciando el Juramento de lealtad.

Justicia para todos

¿Alguna vez has visto que alguien pronuncie el Juramento de lealtad en tu escuela? La última línea dice: "con libertad y justicia para todos". Esto significa que todos deberíamos ser libres para vivir como queramos. Y significa que todo el mundo merece una oportunidad justa para **triunfar**.

Libertad y justicia para todos

Libertad significa que las personas son capaces de actuar y hablar sin restricciones. *Justicia* significa ser justo. Significa usar las leyes para decidir si las acciones de alguien son buenas o malas. Todos los **ciudadanos** estadounidenses merecen libertad y justicia.

El Juramento de lealtad

Juro lealtad
a la Bandera
de los Estados Unidos de América,
y a la Republica
que representa,
una Nación
bajo Dios,
indivisible,
con libertad y justicia para todos.

Estados Unidos cree que todas las personas deben ser libres y estar seguras. Las leyes protegen nuestra libertad y justicia. Las **leyes** ayudan a que nuestro país sea un gran país.

Nuestras leyes

Todos seguimos las reglas. Una regla de tu casa podría decirte que camines dentro de ella. Las reglas de la escuela te recuerdan que debes ser amable. Las reglas nos mantienen seguros y contentos.

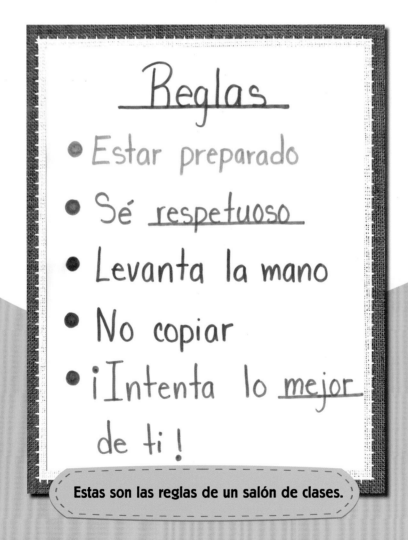

Reglas

- Estar preparado
- Sé respetuoso
- Levanta la mano
- No copiar
- ¡Intenta lo mejor de ti!

Estas son las reglas de un salón de clases.

Una ley es un tipo de regla que deben seguir las personas. Sin leyes, no habría orden. Las leyes nos protegen. Nos ayudan a tomar buenas decisiones.

La ley dice que tienes que usar un casco cuando vas en bicicleta.

Leyes locales

Las leyes **locales** ayudan a las personas a convivir. Una ley local puede indicar a las tiendas que usen bolsas de papel en lugar de bolsas de plástico. Una ley podría decir también dónde se puede construir una casa.

La tienda donde hizo sus compras esta mujer usa bolsas de papel. Es la ley en su ciudad.

Las leyes locales ayudan a las personas que viven en una misma comunidad a llevarse bien. Dicen a los vecinos que no hagan ruido de noche. Dicen a las personas dónde estacionar sus autos. Cada ciudad puede tener leyes distintas.

En esta ciudad, estacionarse en este lado de la calle es contrario a la ley.

Leyes estatales

Las comunidades tienen leyes locales. Las leyes estatales tratan de asuntos mayores. Todas las personas de un estado deben seguir las leyes estatales.

Esta mujer se asegura de que a los trabajadores les paguen la cantidad correcta.

Las leyes estatales dicen a las empresas la cantidad que deben pagar a los trabajadores. También hay leyes estatales sobre la forma de conducir autos. Cada estado tiene su propio conjunto de leyes.

Esta niña sigue la ley al usar un asiento de seguridad.

Leyes nacionales

En 1787, Estados Unidos se convirtió en una nación. Los estados decidieron compartir muchas leyes. Todas las personas en el país deben seguir las leyes **nacionales**.

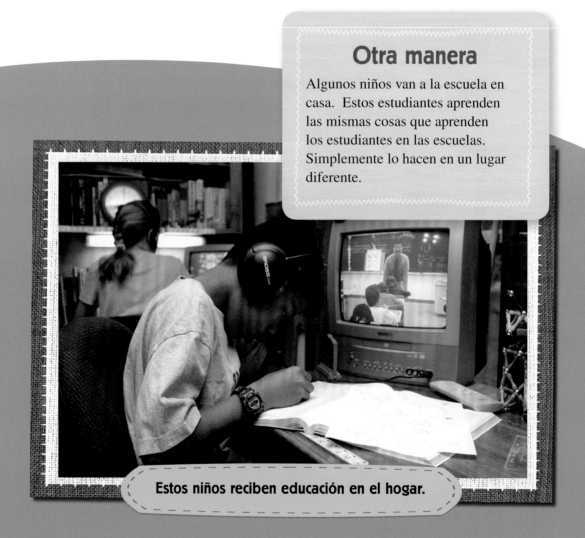

Otra manera

Algunos niños van a la escuela en casa. Estos estudiantes aprenden las mismas cosas que aprenden los estudiantes en las escuelas. Simplemente lo hacen en un lugar diferente.

Estos niños reciben educación en el hogar.

Las leyes nacionales indican quién puede ser ciudadano estadounidense. Hay leyes que dicen que todos los niños deben ir a la escuela. Algunas leyes mantienen nuestros alimentos seguros. Otras leyes indican a la gente cómo construir carreteras y autopistas.

Los dos hombres de la izquierda se aseguran de que nuestros alimentos sean seguros para comer.

La Constitución

El **gobierno** hace las leyes de nuestro país. Algunas leyes llevan mucho tiempo funcionando. Cada año se aprueban miles de leyes nuevas.

Esta es la Constitución.

La Constitución es el principal conjunto de leyes de nuestro país. Explica cómo actúa nuestro país, y cómo debe funcionar. La Constitución fue redactada en 1787.

Los líderes de Estados Unidos redactan la Constitución.

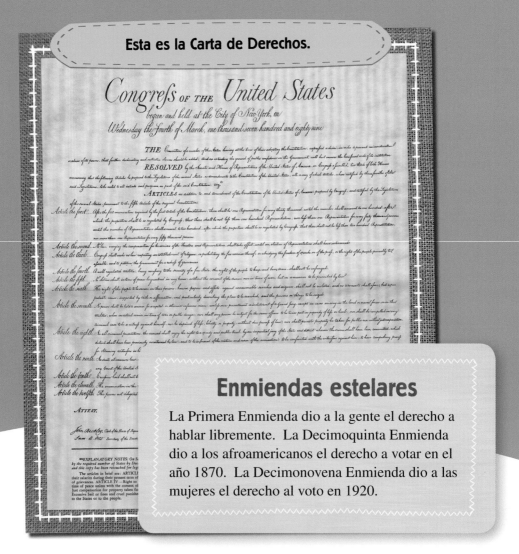

Esta es la Carta de Derechos.

Enmiendas estelares

La Primera Enmienda dio a la gente el derecho a hablar libremente. La Decimoquinta Enmienda dio a los afroamericanos el derecho a votar en el año 1870. La Decimonovena Enmienda dio a las mujeres el derecho al voto en 1920.

Cambiar una ley

El gobierno puede cambiar la Constitución añadiendo **enmiendas**. Las enmiendas son cambios para mejorar las cosas. Hemos añadido 27 enmiendas a la Constitución.

Estas mujeres votan por primera vez.

A las primeras diez enmiendas se les conoce como la Carta de Derechos. Todo ciudadano tiene estos diez derechos. La Carta de Derechos dice que el gobierno no quitará estos derechos.

Hacer una ley

La Constitución es importante. Pero a veces, se necesitan nuevas leyes. Una ley comienza como una idea. Una idea para una ley se llama *proyecto de ley*. Cualquier persona con una idea puede escribir un proyecto de ley. ¡También tú!

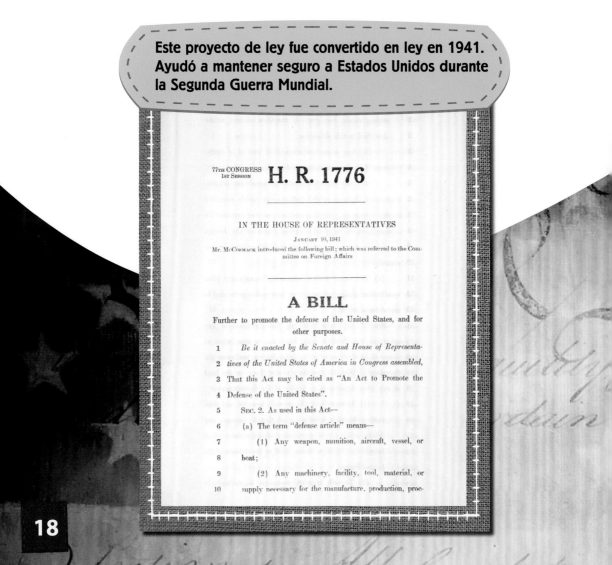

Este proyecto de ley fue convertido en ley en 1941. Ayudó a mantener seguro a Estados Unidos durante la Segunda Guerra Mundial.

77TH CONGRESS
1ST SESSION
H. R. 1776

IN THE HOUSE OF REPRESENTATIVES

JANUARY 10, 1941

Mr. McCORMACK introduced the following bill; which was referred to the Committee on Foreign Affairs

A BILL

Further to promote the defense of the United States, and for other purposes.

1   *Be it enacted by the Senate and House of Representa-*
2   *tives of the United States of America in Congress assembled,*
3   That this Act may be cited as "An Act to Promote the
4   Defense of the United States".
5   SEC. 2. As used in this Act—
6   (a) The term "defense article" means—
7   (1) Any weapon, munition, aircraft, vessel, or
8   boat;
9   (2) Any machinery, facility, tool, material, or
10   supply necessary for the manufacture, production, proc-

La gente puede enviar sus ideas al **Congreso** para nuevos proyectos de ley. El Congreso es el grupo que hace las leyes de nuestro país.

algunos miembros del Congreso

¿Quién vota?

Los ciudadanos votan por las leyes locales y estatales. Pero la mayoría de la gente no vota por las leyes nacionales. En cambio, eligen a miembros del Congreso para que voten por ellos.

Estos ciudadanos hacen una fila para votar.

Los miembros del Congreso hablan sobre el proyecto de ley. Votan para decidir si debe ser una ley. Si la mayoría de los miembros vota por un proyecto de ley, este es enviado al presidente.

El presidente Barack Obama firma un proyecto de ley para convertirlo en ley.

El presidente puede vetar, o rechazar, un proyecto de ley. Pero si al presidente le gusta el proyecto de ley, entonces lo firma. El proyecto de ley es ahora una ley.

Quebrantar la ley

A veces, la gente quebranta la ley. Puede ser por accidente o a propósito. Cuando la gente quebranta la ley, hay **consecuencias**.

Esta es una multa por exceso de velocidad.

Hay diferentes tipos de consecuencias. Una persona que conduce demasiado rápido puede recibir una multa. Si un conductor sigue quebrantando las leyes, podría tener más problemas. Es probable que se lleven su auto.

La policía se está llevando este auto.

Si una persona roba algo o lastima a alguien, podría ir a la cárcel. Pasar tiempo en la cárcel es duro.

Un agente de policía lleva a una persona a la cárcel por quebrantar la ley.

Cuando las personas van a la cárcel, no se les permite salir. Tienen que permanecer allá hasta que su **sentencia** haya terminado.

Esta es la celda de una cárcel.

Seguir la ley

Las leyes no funcionan bien a menos de que todos las sigamos. Puedes ser un buen ciudadano al seguir la ley.

El Congreso

Tú también puedes ayudar a hacer leyes. ¿Tienes una idea para una nueva ley? Compártela con otros. ¡Podría llegar al Congreso!

Estos niños quieren una ley para poner fin a todas las guerras.

¡Escríbelo!

Los niños también deben seguir las leyes. ¿Qué leyes sigues tú? Haz una lista.

Esta niña hace una lista de las leyes que sigue.

Este niño hace una lista de las leyes que sigue.

Las leyes que sigo

1. Cruzo la calle por el paso de peatones.
2. Uso un casco cuando voy en mi bicicleta.
3. Camino con mis padres por la calle hasta ser grande.
4. Uso el cinturón de seguridad en el auto.

Esta es la lista del niño.

Glosario

ciudadanos: miembros de un país o lugar

Congreso: el grupo de líderes que hace las leyes del país

consecuencias: resultados o efectos de las acciones y elecciones de una persona

enmiendas: cambios en las palabras o en el significado de una ley

gobierno: un grupo de líderes que toman decisiones para un país

leyes: reglas hechas por el gobierno

locales: relacionadas con un área, ciudad o pueblo en particular

nacionales: relacionadas con toda una nación o país

sentencia: el castigo impuesto por un tribunal de la ley

triunfar: hacer bien lo que tratas de hacer

Índice analítico

¡Tu turno!

Nuestras leyes

Esta foto muestra a una niña siguiendo la ley al usar el cinturón de seguridad. Esta ley la ayuda a estar segura. Si tuvieras que escribir una nueva ley para proteger a las personas, ¿cuál sería? Escribe tu ley. Compártela con tu familia.